DAVY CROCKETT

FRONTIER HERO
DEFENSOR DE LA FRONTERA

J. T. MORIARTY

TRADUCCIÓN AL ESPAÑOL:
TOMÁS GONZÁLEZ

rosen central
Primary Source™
Editorial Buenas Letras™
The Rosen Publishing Group, Inc., New York

Published in 2004 by The Rosen Publishing Group, Inc.
29 East 21st Street, New York, NY 10010

First Bilingual Edition 2004
First English Edition 2004

Cataloging Data
Moriarty, J.T.
[Davy Crockett. Bilingual]
Davy Crockett / by J.T. Moriarty. — 1st ed.
    p. cm. — (Primary sources of famous people in American history)
Summary: Surveys the life of the American frontiersman who became a member of Congress and died trying to defend the Alamo.
Includes bibliographical references (p.) and index.
ISBN 0-8239-4156-6 (lib. bdg.)
1. Crockett, Davy, 1786-1836—Juvenile literature. 2. Pioneers—Tennessee—Biography—Juvenile literature. 3. Frontier and pioneer life—Tennessee—Juvenile literature. 4. Tennessee—Biography—Juvenile literature. 5. Legislators—United States—Biography—Juvenile literature. 6. United States Congress House—Biography—Juvenile literature. 7. Alamo (San Antonio, Tex.)—Siege, 1836—Juvenile literature. [1. Crockett, Davy, 1786-1836. 2. Pioneers. 3. Legislators. 4. Spanish language materials—Bilingual]
I. Title. II. Series. Primary sources of famous people in American history. Spanish. Bilingual
F436.C95M66 2003
976.8'04'092—dc21

Manufactured in the United States of America

Photo credits: cover © Burstein Collection/Corbis; p.5 Tennessee Historical Society; p. 7 Library of Congress Prints and Photographs Division, HABS, TENN, 47-KNOVI, 4-2; p. 9 Jefferson County Archives, Dandridge Tennessee; pp. 11, 15 Texas State Capital, Austin, Texas; pp. 13 (top) (No. 92-128), 27 (No. 75-556) The Institute of Texan Cultures; p.13 (bottom) Lawrence County Archives, Lawrenceburg, Tennessee; p. 17 Tennessee State Library and Archives, Archives and Manuscript Collections; p. 19 National Portrait Gallery, Smithsonian Institution/Art Resource, NY; p. 21 The Beinecke Rare Book and Manuscript Library, Yale University Library; p. 23 The Phelps Stokes Collection, Miriam and Ira D. Wallach Division of Art, Prints and Photographs, The New York Public Library, Astor, Lenox, and Tilden Foundations; p. 25 Library of Congress Geography and Map Division; p. 29 © Corbis.

Designer: Thomas Forget; Editor: Jill Jarnow; Photo Researcher: Rebecca Anguin-Cohen

CONTENTS

CONTENIDO

1 DAVY'S EARLY YEARS

Tennessee was a wilderness in 1786. That's the year Davy Crockett was born. There were woods, fields, and lots of wild animals. There were dirt roads and a few small farms. People were poor.

Davy's father owned a tavern. He owed money to a lot of people. Davy couldn't go to school. He worked to help support his family.

---

1 PRIMEROS AÑOS DE DAVY

En 1786 Tennessee era una región silvestre. Ese fue el año en que nació Davy Crockett. Había bosques, campos y muchos animales salvajes. Había caminos de tierra y unas pocas granjas pequeñas. La gente era pobre.

Su padre era propietario de una taberna. Le debía dinero a mucha gente. Davy no podía ir a la escuela, pues debía trabajar para ayudar a sostener a su familia.

Davy Crockett was born in this small wooden house in 1786.

Davy Crockett nació en 1786 en esta pequeña casa de madera.

When they could afford it, Davy's parents forced him to go to school. Davy didn't like that. He ran away from home. He lived in Virginia. While he was away, he worked at many jobs. After two years, Davy returned home. He was very sorry for having left.

Davy worked to help his father pay his debts. His boss was a man named Mr. Kennedy.

Cuando les alcanzaba el dinero, los padres de Davy lo obligaban a asistir a la escuela. Eso a él no le gustaba y se escapó de casa. Vivió en Virginia. Mientras estuvo fuera de casa, Davy trabajó en muchas cosas, y después de dos años regresó. Lamentó mucho haberse marchado.

Davy trabajó para ayudar a su padre a pagar las deudas. Su jefe era un señor de apellido Kennedy.

The Crockett family tavern may have looked a lot like this one.

La taberna de la familia Crockett era muy parecida a ésta.

Davy finally decided he wanted to learn to read. Most farmers couldn't read. Davy thought reading would make him special. He went to a school that was run by Mr. Kennedy's son. Later Davy said he learned to read in six months.

On his 20th birthday, Davy married Polly Finley. They had a farm in the wilderness.

———◆◆◆———

Davy decidió que quería aprender a leer. La mayoría de los granjeros no sabía leer y Davy pensaba que la lectura haría de él un hombre especial. Fue a una escuela dirigida por el hijo del Sr. Kennedy. Años después, Davy diría que aprendió a leer en seis meses.

El día que cumplió 20 años, Davy se casó con Polly Finley. Tenían una granja en una región silvestre.

This is Davy and Polly's marriage license.

Esta es su licencia de matrimonio de Davy y Polly.

The Creek War was part of the War of 1812. England and Spain convinced the Creek Indians to kill American settlers. They supplied the Creeks with guns and ammunition.

Davy joined the fight. He served under General Andrew Jackson. The settlers won the war. Jackson became a hero.

La Guerra Creek fue parte de la Guerra de 1812. Inglaterra y España convencieron a los indios creeks de que atacaran a los colonos estadounidenses y les suministraron armas y municiones.

Davy se unió a la lucha y sirvió bajo las órdenes del general Andrew Jackson. Los colonos ganaron la guerra. Jackson se convirtió en héroe.

In this painting, Davy Crockett holds his rifle, which he called Betsy.

En esta pintura Davy Crockett lleva su rifle, al que llamaba "Betsy".

2   DAVY THE FRONTIERSMAN

Davy and Polly's sons were named John and William. Their daughter was named Margaret. Polly got very sick and died. Davy was very sad. But he married again. His new wife was named Elizabeth.

Davy became a famous bear hunter. His family ate the meat he brought home. He said he had killed 105 bears in a single season.

---

2   DAVY EL EXPLORADOR

Los hijos de Davy y Polly se llamaban John y William, y su hija, Margaret. Polly enfermó gravemente y murió. Davy se sintió muy triste, pero se casó de nuevo. Su nueva esposa se llamaba Elizabeth.

Davy se convirtió en famoso cazador de osos. Su familia se alimentaba con la carne que él traía a casa. Se jactaba de haber matado 105 osos en una sola temporada.

COLONEL DAVID CROCKETT.

Davy was sometimes called a colonel. *Left.* Davy used this dried gourd for storing gunpowder.

A Davy Crockett a veces le llamaban coronel. *Izquierda*, una calabaza seca que Davy utilizaba para guardar pólvora.

Davy tried many jobs. He had bad luck. Like his father, Davy owned a mill that washed away in a flood. He also tried to sell wood. He chopped down trees with his friends. They started to float them down the Mississippi River. The river was too strong. Their boats sank near Memphis. Davy nearly drowned.

***

Davy intentó trabajar en muchas cosas, pero tuvo mala suerte. Como su padre, fue propietario de un molino que también se perdió en una inundación. Además intentó comerciar en madera. Sus amigos y él cortaban árboles y los hacían bajar, flotando, por el río Mississippi. Pero las corrientes del río eran demasiado poderosas y Davy casi se ahoga cuando sus botes naufragaron cerca de Memphis.

Davy during his days in the U.S. Congress.

Davy en su época como congresista.

They were rescued by some men from Memphis. Davy became friends with some of these men. They are the people who helped him start his career in politics.

Davy fue rescatado por los habitantes de Memphis. Davy se hizo amigo de algunos de los hombres que le salvaron la vida. Fueron ellos quienes le ayudaron a iniciar su carrera política.

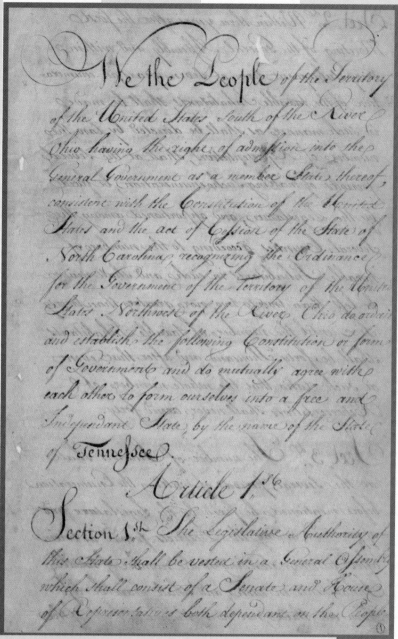

Tennessee leaders sent this constitution to Philadelphia when they applied for statehood.

Los líderes de Tennessee enviaron esta constitución a Filadelfia pidiendo que el territorio se convirtiera en Estado.

3 DAVY GOES TO WASHINGTON

Davy had a colorful personality. He was good with people. When he spoke, he told funny stories. Audiences enjoyed them. People respected and trusted him. They felt that Davy was like them.

---

3 DAVY VA A WASHINGTON

La personalidad de Davy era exuberante. Sabía cómo tratar a la gente. Cuando hablaba, contaba historias graciosas que le encantaban a todos los que lo escuchaban. La gente lo respetaba y confiaba en él. Sentían que Davy era como uno de ellos.

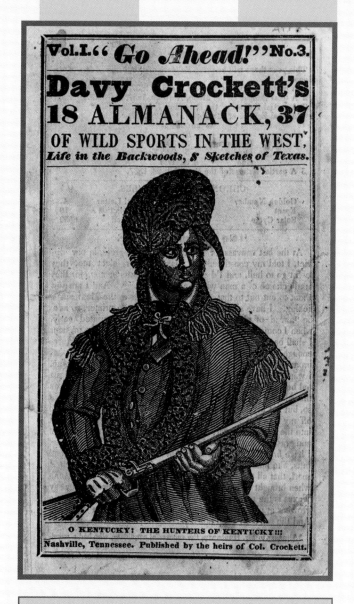

Almanacs about the adventures of Davy Crockett were published from 1835 to 1856.

Entre 1835 y 1856 se publicaron almanaques con las aventuras de Davy Crockett.

Davy became a living legend. People wrote books and stories about him. Someone wrote a play. Davy liked the attention. He had a famous motto: "Be always sure you're right, then go ahead."

He was elected to local public offices. Davy ran for state legislature in 1821. He won. Each office he held was more important than the last.

Davy se convirtió en una leyenda viviente. Se publicaban libros y cuentos sobre él. Alguien escribió una obra de teatro. A Davy le gustaba ser centro de atención. Tenía un lema famoso: "Asegúrate primero de tener razón. Después, ¡sigue adelante!"

Fue elegido para cargos públicos locales. Davy se postuló para la asamblea legislativa estatal en 1821 y ganó. Cada vez ocupaba cargos de mayor importancia.

Vol. 2.]   "GO AHEAD!!"   [No. 3.

THE CROCKETT ALMANAC
1841.

Tussel with a Bear. See page 9.

**Containing Adventures, Exploits, Sprees
& Scrapes in the West, &
Life and Manners in the Backwoods.**

Nashville, Tennessee. Published by Ben Harding.

Davy's legend grew thanks to Davy Crockett almanacs, filled with adventures.

La leyenda de Davy Crockett creció gracias a los almanaques llenos de aventuras.

Davy was elected to the United States Congress in 1827. He was reelected in 1833. He was a good congressman. He voted to help his people. They were farmers and frontiersmen. He tried to protect the Indians, too. Davy didn't like it when laws only helped the rich.

En 1827, Davy fue elegido para el Congreso de Estados Unidos. Fue reelegido en 1833. Era buen congresista y trabajaba para ayudar a su gente, que eran los exploradores y los colonos. También trató de proteger a los indios norteamericanos. Davy estaba en contra de las leyes que sólo se aprobaban para favorecer a los ricos.

This 1832 painting shows the hall where Congress members argued about ideas and laws.

Esta pintura de 1832 muestra el salón donde los miembros del Congreso discutían sobre ideas y leyes.

4 REMEMBER THE ALAMO

General Andrew Jackson had become president of the United States. Davy disagreed with President Jackson's ideas. He spoke out in Congress. The president got mad. This caused trouble.

Davy was not reelected to Congress in 1835. He lost by 250 votes. At first, Davy was sad. Then he decided to move to Texas.

---

4 RECUERDEN EL ÁLAMO

El general Andrew Jackson había sido elegido presidente de Estados Unidos. Davy no estaba de acuerdo con las ideas del presidente Jackson, y así lo dijo en el Congreso. El presidente se indignó y comenzaron los problemas.

Davy no fue reelegido en 1835. Perdió por 250 votos. Al principio, Davy se sintió triste. Entonces decidió irse a vivir a Texas.

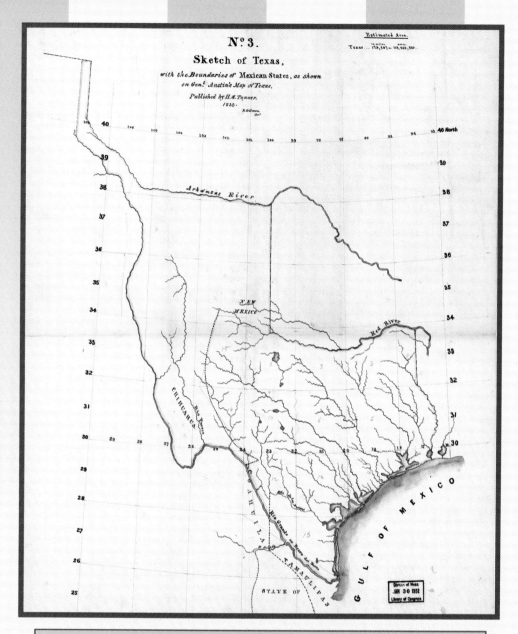

The boundaries of Texas can be seen on this early map.

En este mapa antiguo pueden verse las fronteras de Texas.

In 1836, Texas wasn't yet part of the United States. It was part of Mexico. Davy liked Texas. It was a good place to hunt bears.

There was a war going on in Texas. People wanted to break away from Mexico. Davy joined the Texas army.

The Alamo was an old Spanish mission. Davy and the army got trapped there.

In 1836, Texas todavía no formaba parte de Estados Unidos. Pertenecía a México. A Davy le gustaba Texas, pues era un buen sitio para cazar osos.

En Texas estaban en guerra. Había gente que quería separarse de México. Davy se unió al ejército de Texas. Davy y el ejército quedaron atrapados en El Álamo, que era una antigua misión española.

Davy and 188 other Texans held off General Santa Anna and his large Mexican army from inside the Alamo.

Davy y otros 188 texanos ofrecieron resistencia al general Santa Anna y al numeroso ejército mexicano desde El Álamo.

The Mexican army attacked. They killed Davy and everyone else. No one was left alive.

Davy died, but his legend continued. "Remember the Alamo!" people said. It was a battle cry. Eventually, the Texas army won. Texas became a state. People still remember Davy Crockett and his heroic life.

———◆◆◆———

El ejército mexicano atacó. Mató a Davy y a todos los demás. No quedó nadie con vida. Davy murió, pero continuó su leyenda. Las palabras "¡Recuerden El Álamo!" se convirtieron en grito de batalla. Al final ganó el ejército de Texas, que pasó a ser un estado de Estados Unidos. La gente aún recuerda a Davy Crockett y su heroica vida.

Fall of the Alamo---Death of Crockett.

Davy Crockett is pictured as he is killed in battle. He was 49 years old when he died.

Muerte de Davy Crockett en batalla. Al morir, Davy tenía 49 años de edad.

TIMELINE

1786—Davy Crockett is born on August 17.

1821—Davy is elected to the Tennessee Legislature.

1827—Davy is elected to Congress.

1833—Davy is reelected.

1835—Davy loses his bid for reelection. He moves to Texas.

1836—Davy dies in the Battle of the Alamo.

CRONOLOGÍA

1786—El 17 de agosto nace Davy Crockett.

1821—Davy es elegido para la legislatura de Tennessee.

1827—Davy es elegido para el Congreso.

1833—Davy es reelegido.

1835—Davy pierde la reelección. Se muda a Texas.

1836—Davy muere en la batalla de El Álamo.

GLOSSARY

Congress (KON-gres) The part of the U.S. government that makes laws. The members of Congress are chosen by the people of each state.

legislature (LEH-jis-lay-chur) A body of people that has the power to make or pass laws.

living legend (LIHV-ing LEH-jend) A living person about whom there are many stories.

personality (per-sun-A-lih-tee) A person's behavioral and emotional qualities.

public office (PUH-blik AW-fiss) An elected position in which a person helps make laws.

WEB SITES

Due to the changing nature of Internet links, the Rosen Publishing Group, Inc., has developed an online list of Web sites related to the subject of this book. This site is updated regularly. Please use this link to access the list:

http://www.rosenlinks.com/fpah/dcro

GLOSARIO

asamblea legislativa (la) Grupo de personas que tiene el poder de crear o aprobar leyes.

cargo público Empleo en alguna de las instituciones del gobierno.

Congreso (el) Institución del gobierno que dicta las leyes. Los miembros del Congreso de Estados Unidos son elegidos por los ciudadanos de cada estado.

leyenda viviente Persona aún viva sobre la cual se cuentan historias que no pueden ser probadas.

personalidad (la) Forma como una persona o animal reacciona ante los demás.

SITIOS WEB

Debido a las constantes modificaciones en los sitios de Internet, Rosen Publishing Group, Inc., ha desarrollado un listado de sitios Web relacionados con el tema de este libro. Este sitio se actualiza con regularidad. Por favor, usa este enlace para acceder a la lista:

http://www.rosenlinks.com/fpah/dcro

INDEX

ABOUT THE AUTHOR

J. T. Moriarty graduated from Oberlin College, where he studied art history and wrote criticism for the *Oberlin Review*. He now lives in New York, with two cats, a turtle, and a marmot.

ÍNDICE

ACERCA DEL AUTOR

J. T. Moriarty se graduó en Oberlin College donde estudió historia del arte y escribió en el *Oberlin Review*. Ahora vive en la ciudad de Nueva York en compañía de dos gatos, una tortuga y una marmota.